Édition bilingue audio
ANGLAIS-FRANÇAIS

*Pour écouter la lecture de ce livre
dans sa version américaine ou dans sa traduction française
scannez le code en début de chapitre
avec votre téléphone portable ou tablette*

Essai
Littérature américaine

Titre original : ·

ON THE DUTY OF CIVIL DISOBEDIENCE

Traduction française :
Anonyme, 1849

Lecture en anglais :
Gord Mackenzie

Lecture en français :
Vincent Planchon

ISBN : 978-2-37808-001-3
© L'Accolade Éditions, 2017

HENRY DAVID THOREAU

LA DÉSOBÉISSANCE
CIVILE

ACCOLADE
Éditions

I heartily accept the motto, — «That government is best which governs least;» and I should like to see it acted up to more rapidly and systematically. Carried out, it finally amounts to this, which also I believe, — «That government is best which governs not at all;» and when men are prepared for it, that will be the kind of government which they will have. Government is at best but an expedient; but most governments are usually, and all governments are sometimes, inexpedient. The objections which have been brought against a standing army, and they are many and weighty, and deserve to prevail, may also at last be brought against a standing government. The standing army is only an arm of the standing government. The government itself, which is only the mode which the people have chosen to execute their will, is equally liable to be abused and perverted before the people can act through it. Witness the present Mexican war, the work of comparatively a few individuals using the standing government as their tool; for, in the outset, the people would not have consented to this measure.

De grand cœur, j'accepte la devise : « Le gouvernement le meilleur est celui qui gouverne le moins » et j'aimerais la voir suivie de manière plus rapide et plus systématique. Poussée à fond, elle se ramène à ceci auquel je crois également : « Que le gouvernement le meilleur est celui qui ne gouverne pas du tout » et lorsque les hommes y seront préparés, ce sera le genre de gouvernement qu'ils auront. Tout gouvernement n'est au mieux qu'une « utilité » mais la plupart des gouvernements, d'habitude, et tous les gouvernements, parfois, ne se montrent guère utiles. Les nombreuses objections – et elles sont de taille – qu'on avance contre une armée permanente méritent de prévaloir ; on peut aussi finalement les alléguer contre un gouvernement permanent. L'armée permanente n'est que l'arme d'un gouvernement permanent. Le gouvernement lui-même – simple intermédiaire choisi par les gens pour exécuter leur volonté –, est également susceptible d'être abusé et perverti avant que les gens puissent agir par lui. Témoin en ce moment la guerre du Mexique, œuvre d'un groupe relativement restreint d'individus qui se servent du gouvernement permanent comme d'un outil ; car au départ, jamais les gens n'auraient consenti à cette entreprise.

This American government,—what is it but a tradition, though a recent one, endeavoring to transmit itself unimpaired to posterity, but each instant losing some of its integrity? It has not the vitality and force of a single living man; for a single man can bend it to his will. It is a sort of wooden gun to the people themselves; and, if ever they should use it in earnest as a real one against each other, it will surely split. But it is not the less necessary for this; for the people must have some complicated machinery or other, and hear its din, to satisfy that idea of government which they have. Governments show thus how successfully men can be imposed on, even impose on themselves, for their own advantage. It is excellent, we must all allow; yet this government never of itself furthered any enterprise, but by the alacrity with which it got out of its way. It does not keep the country free. It does not settle the West. It does not educate. The character inherent in the American people has done all that has been accomplished; and it would have done somewhat more, if the government had not sometimes got in its way. For government is an expedient by which men would fain succeed in letting one another alone; and, as has been said, when it is most expedient, the governed are most let alone by it. Trade and commerce, if they were not made of India rubber, would never manage to bounce over the obstacles which legislators are continually putting in their way; and, if one were to judge these men wholly by the effects of their actions,

Le gouvernement américain – qu'est-ce donc sinon une tradition, toute récente, qui tente de se transmettre intacte à la postérité, mais perd à chaque instant de son intégrité ? Il n'a ni vitalité ni l'énergie d'un seul homme en vie, car un seul homme peut le plier à sa volonté. C'est une sorte de canon en bois que se donnent les gens. Mais il n'en est pas moins nécessaire, car il faut au peuple des machineries bien compliquées – n'importe lesquelles pourvu qu'elles pétaradent – afin de répondre à l'idée qu'il se fait du gouvernement. Les gouvernements nous montrent avec quel succès on peut imposer aux hommes, et mieux, comme ceux-ci peuvent s'en imposer à eux-mêmes, pour leur propre avantage. Cela est parfait, nous devons tous en convenir. Pourtant, ce gouvernement n'a jamais de lui-même encouragé aucune entreprise, si ce n'est par sa promptitude à s'esquiver. Ce n'est pas lui qui garde au pays sa liberté, ni lui qui met l'Ouest en valeur, ni lui qui instruit. C'est le caractère inhérent au peuple américain qui accomplit tout cela et il en aurait fait un peu plus si le gouvernement ne lui avait souvent mis des bâtons dans les roues. Car le gouvernement est une « utilité » grâce à laquelle les hommes voudraient bien arriver à vivre chacun à sa guise, et, comme on l'a dit, plus il est utile, plus il laisse chacun des gouvernés vivre à sa guise. Le commerce et les affaires s'ils n'avaient pas de ressort propre, n'arriveraient jamais à rebondir par-dessus les embûches que les législateurs leur suscitent perpétuellement et, s'il fallait juger ces derniers en bloc sur les conséquences de leurs actes,

and not partly by their intentions, they would deserve to be classed and punished with those mischievous persons who put obstructions on the railroads.

But, to speak practically and as a citizen, unlike those who call themselves no-government men, I ask for, not at once no government, but at once a better goverment. Let every man make known what kind of government would command his respect, and that will be one step toward obtaining it.

After all, the practical reason why, when the power is once in the hands of the people, a majority are permitted, and for a long period continue, to rule, is not because they are most likely to be in the right, nor because this seems fairest to the minority, but because they are physically the strongest. But a government in which the majority rule in all cases cannot be based on justice, even as far as men understand it. Can there not be a government in which majorities do not virtually decide right and wrong, but conscience?—in which majorities decide only those questions to which the rule of expediency is applicable? Must the citizen ever for a moment, or in the least degree, resign his conscience to the legislator? Why has every man a conscience, then? I think that we should be men first, and subjects afterward. It is not desirable to cultivate a respect for the law, so much as for the right. The only obligation which I have a right to assume, is to do at any time what I think right. It is truly enough said, that a corporation

et non sur leurs intentions, ils mériteraient d'être classés et punis au rang des malfaiteurs qui sèment des obstacles sur les voies ferrées.

Mais pour parler en homme pratique et en citoyen, au contraire de ceux qui se disent anarchistes, je ne demande pas d'emblée « point de gouvernement », mais d'emblée un meilleur gouvernement. Que chacun fasse connaître le genre de gouvernement qui commande son respect et ce sera le premier pas pour l'obtenir.

Après tout, la raison pratique pour laquelle, le pouvoir une fois aux mains du peuple, on permet à une majorité de régner continûment sur une longue période ne tient pas tant aux chances qu'elle a d'être dans le vrai, ni à l'apparence de justice offerte à la minorité, qu'à la prééminence de sa force physique. Or un gouvernement, où la majorité règne dans tous les cas, ne peut être fondé sur la justice, même telle que les hommes l'entendent. Ne peut-il exister de gouvernement où ce ne seraient pas les majorités qui trancheraient du bien ou du mal, mais la conscience ? Où les majorités ne trancheraient que des questions justiciables de la règle d'opportunité ? Le citoyen doit-il jamais un instant abdiquer sa conscience au législateur ? À quoi bon la conscience individuelle alors ? Je crois que nous devrions être hommes d'abord et sujets ensuite. Il n'est pas souhaitable de cultiver le même respect pour la loi et pour le bien. La seule obligation qui m'incombe est de faire bien. On a dit assez justement qu'un groupement d'hommes

has no conscience; but a corporation of conscientious men is a corporation with a conscience. Law never made men a whit more just; and, by means of their respect for it, even the well-disposed are daily made the agents of injustice. A common and natural result of an undue respect for law is, that you may see a file of soldiers, colonel, captain, corporal, privates, powder-monkeys and all, marching in admirable order over hill and dale to the wars, against their wills, aye, against their common sense and consciences, which makes it very steep marching indeed, and produces a palpitation of the heart. They have no doubt that it is a damnable business in which they are concerned; they are all peaceably inclined. Now, what are they? Men at all? or small moveable forts and magazines, at the service of some unscrupulous man in power? Visit the Navy Yard, and behold a marine, such a man as an American government can make, or such as it can make a man with its black arts, a mere shadow and reminiscence of humanity, a man laid out alive and standing, and already, as one may say, buried under arms with funeral accompaniments, though it may be

«*Not a drum was heard, nor a funeral note,*

As his corse to the ramparts we hurried;

Not a soldier discharged his farewell shot

O'er the grave where our hero we buried.»

n'a pas de conscience, mais un groupement d'hommes consciencieux devient un groupement doué de conscience. La loi n'a jamais rendu les hommes un brin plus justes, et par l'effet du respect qu'ils lui témoignent les gens les mieux intentionnés se font chaque jour les commis de l'injustice. Le résultat courant et naturel d'un respect indu pour la loi, c'est qu'on peut voir une file de militaires, colonel, capitaine, caporal et simples soldats, enfants de troupe et toute la clique, marchant au combat par monts et par vaux dans un ordre admirable contre leur gré, que dis-je ? contre leur bon sens et contre leur conscience, ce qui rend cette marche fort âpre en vérité et éprouvante pour le cœur. Ils n'en doutent pas le moins du monde : c'est une vilaine affaire que celle où ils sont engagés. Ils ont tous des dispositions pacifiques. Or, que sont-ils ? Des hommes vraiment ? Ou bien des petits fortins, des magasins ambulants au service d'un personnage sans scrupules qui détient le pouvoir ? Visitez l'Arsenal de la Flotte et arrêtez-vous devant un fusilier marin, un de ces hommes comme peut en fabriquer le gouvernement américain ou ce qu'il peut faire d'un homme avec sa magie noire ; ombre réminiscente de l'humanité, un homme debout vivant dans son suaire et déjà, si l'on peut dire, enseveli sous les armes, avec les accessoires funéraires, bien que peut-être

> *Ni tambour, ni musique alors n'accompagnèrent*
>
> *Sa dépouille, au rempart emmenée au galop ;*
>
> *Nulles salves d'adieu, de même, n'honorèrent*
>
> *La tombe où nous avions couché notre héros.*

The mass of men serve the State thus, not as men mainly, but as machines, with their bodies. They are the standing army, and the militia, jailers, constables, posse comitatus, &c. In most cases there is no free exercise whatever of the judgment or of the moral sense; but they put themselves on a level with wood and earth and stones; and wooden men can perhaps be manufactured that will serve the purpose as well. Such command no more respect than men of straw, or a lump of dirt. They have the same sort of worth only as horses and dogs. Yet such as these even are commonly esteemed good citizens. Others, as most legislators, politicians, lawyers, ministers, and office-holders, serve the State chiefly with their heads; and, as they rarely make any moral distinctions, they are as likely to serve the devil, without intending it, as God. A very few, as heroes, patriots, martyrs, reformers in the great sense, and men, serve the State with their consciences also, and so necessarily resist it for the most part; and they are commonly treated by it as enemies. A wise man will only be useful as a man, and will not submit to be «clay,» and «stop a hole to keep the wind away,» but leave that office to his dust at least: —

> *«I am too high-born to be propertied,*
>
> *To be a secondary at control,*
>
> *Or useful serving-man and instrument*
>
> *To any sovereign state throughout the world.»*

La masse des hommes sert ainsi l'État, non point en humains, mais en machines avec leur corps. C'est eux l'armée permanente, et la milice, les geôliers, les gendarmes, la force publique, etc. La plupart du temps sans exercer du tout leur libre jugement ou leur sens moral ; au contraire, ils se ravalent au niveau du bois, de la terre et des pierres et on doit pouvoir fabriquer de ces automates qui rendront le même service. Ceux-là ne commandent pas plus le respect qu'un bonhomme de paille ou une motte de terre. Ils ont la même valeur marchande que des chevaux et des chiens. Et pourtant on les tient généralement pour de bons citoyens. D'autres, comme la plupart des législateurs, des politiciens, des juristes, des ministres et des fonctionnaires, servent surtout l'État avec leur intellect et, comme ils font rarement de distinctions morales, il arrive que sans le vouloir, ils servent le Démon aussi bien que Dieu. Une élite, les héros, les patriotes, les martyrs, les réformateurs au sens noble du terme, et des hommes, mettent aussi leur conscience au service de l'État et en viennent forcément, pour la plupart à lui résister. Ils sont couramment traités par lui en ennemis. Un sage ne servira qu'en sa qualité d'homme et ne se laissera pas réduire à être « la glaise » qui « bouche le trou par où soufflait le vent » ; il laisse ce rôle à ses cendres pour le moins.

Je suis de trop haut lieu pour me laisser approprier

Pour être un subalterne sous contrôle

Le valet et l'instrument commode

D'aucun État souverain de par le monde.

He who gives himself entirely to his fellow-men appears to them useless and selfish; but he who gives himself partially to them is pronounced a benefactor and philanthropist.

How does it become a man to behave toward this American government to-day? I answer that he cannot without disgrace be associated with it. I cannot for an instant recognize that political organization as my government which is the slave's government also.

All men recognize the right of revolution; that is, the right to refuse allegiance to and to resist the government, when its tyranny or its inefficiency are great and unendurable. But almost all say that such is not the case now. But such was the case, they think, in the Revolution of '75. If one were to tell me that this was a bad government because it taxed certain foreign commodities brought to its ports, it is most probable that I should not make an ado about it, for I can do without them: all machines have their friction; and possibly this does enough good to counterbalance the evil. At any rate, it is a great evil to make a stir about it. But when the friction comes to have its machine, and oppression and robbery are organized, I say, let us not have such a machine any longer. In other words, when a sixth of the population of a nation which has undertaken to be the refuge of liberty are slaves, and a whole country is unjustly overrun and conquered by a foreign army, and subjected to military law,

Celui qui se voue corps et âme à ses semblables passe à leurs yeux pour un bon à rien, un égoïste, mais celui qui ne leur voue qu'une parcelle de lui-même est salué des titres de bienfaiteur et philanthrope.

Quelle attitude doit adopter aujourd'hui un homme face au gouvernement américain ? Je répondrai qu'il ne peut sans déchoir s'y associer. Pas un instant, je ne saurais reconnaître pour mon gouvernement cette organisation politique qui est aussi le gouvernement de l'esclave.

Tous les hommes reconnaissent le droit à la révolution, c'est-à-dire le droit de refuser fidélité et allégeance au gouvernement et le droit de lui résister quand sa tyrannie ou son incapacité sont notoires et intolérables. Il n'en est guère pour dire que c'est le cas maintenant. Mais ce l'était, pense-t-on, à la Révolution de 1775. Si l'on venait me dire que le gouvernement d'alors était mauvais, parce qu'il taxait certaines denrées étrangères entrant dans ses ports, il y aurait gros à parier que je m'en soucierais comme d'une guigne, car je peux me passer de ces produits-là. Toutes les machines ont leur friction et peut-être celle-là fait-elle assez de bien pour contrebalancer le mal. En tout cas, c'est une belle erreur de faire tant d'embarras pour si peu. Mais quand la friction en arrive à avoir sa machine et que l'oppression et le vol sont organisés, alors je dis « débarrassons-nous de cette machine ». En d'autres termes, lorsqu'un sixième de la population d'une nation qui se prétend le havre de la liberté est composé d'esclaves, et que tout un pays est injustement envahi et conquis par une armée étrangère et soumis à la loi martiale,

I think that it is not too soon for honest men to rebel and revolutionize. What makes this duty the more urgent is the fact, that the country so overrun is not our own, but ours is the invading army.

Paley, a common authority with many on moral questions, in his chapter on the «Duty of Submission to Civil Government,» resolves all civil obligation into expediency; and he proceeds to say, «that so long as the interest of the whole society requires it, that is, so long as the established government cannot be resisted or changed without public inconveniency, it is the will of God that the established government be obeyed, and no longer.» — »This principle being admitted, the justice of every particular case of resistance is reduced to a computation of the quantity of the danger and grievance on the one side, and of the probability and expense of redressing it on the other.» Of this, he says, every man shall judge for himself. But Paley appears never to have contemplated those cases to which the rule of expediency does not apply, in which a people, as well as an individual, must do justice, cost what it may. If I have unjustly wrested a plank from a drowning man, I must restore it to him though I drown myself. This, according to Paley, would be inconvenient. But he that would save his life, in such a case, shall lose it. This people must cease to hold slaves, and to make war on Mexico, though it cost them their existence as a people.

je pense qu'il n'est pas trop tôt pour les honnêtes gens de se soulever et de passer à la révolte. Ce devoir est d'autant plus impérieux que ce n'est pas notre pays qui est envahi, mais que c'est nous l'envahisseur.

Paley qui fait généralement autorité en matière de morale, dans son chapitre intitulé « Sur le devoir de la soumission au Gouvernement civil », ramène toute obligation civique à une formule d'opportunisme et il poursuit « Aussi longtemps que l'intérêt de toute la société l'exige, c'est-à-dire tant qu'on ne peut résister au gouvernement établi ou le changer sans troubler l'ordre public, la volonté de Dieu est d'obéir au gouvernement établi et de ne plus... » Ce principe, une fois admis, la justice de chaque cas particulier de résistance se réduit à une évaluation de l'importance du danger et du grief d'une part, et de la probabilité et du prix de la réforme d'autre part. « Sur ce point, dit-il, chacun est juge. » Mais Paley semble n'avoir jamais envisagé de cas auxquels la règle d'opportunisme n'est pas applicable, où un peuple aussi bien qu'un individu doit faire justice, à tout prix. Si j'ai injustement arraché une planche à l'homme qui se noie, je dois la lui rendre au risque de me noyer. Ceci, selon Paley, serait inopportun. Mais celui qui, dans un tel cas, voudrait sauver sa vie, la perdrait. Ce peuple doit cesser de maintenir l'esclavage et de porter la guerre au Mexique, même au prix de son existence nationale.

In their practice, nations agree with Paley; but does any one think that Massachusetts does exactly what is right at the present crisis?

«A drab of state, a cloth-o'-silver slut,

To have her train borne up, and her soul trail in the dirt.»

Practically speaking, the opponents to a reform in Massachusetts are not a hundred thousand politicians at the South, but a hundred thousand merchants and farmers here, who are more interested in commerce and agriculture than they are in humanity, and are not prepared to do justice to the slave and to Mexico, cost what it may. I quarrel not with far-off foes, but with those who, near at home, co-operate with, and do the bidding of those far away, and without whom the latter would be harmless. We are accustomed to say, that the mass of men are unprepared; but improvement is slow, be cause the few are not materially wiser or better than the many. It is not so important that many should be as good as you, as that there be some absolute goodness somewhere; for that will leaven the whole lump. There are thousands who are in opinion opposed to slavery and to the war, who yet in effect, do nothing to put an end to them; who, esteeming themselves children of Washington and Franklin, sit down with their hands in their pockets, and say that they know not what to do, and do nothing; who even postpone the question of freedom to the question of free-trade, and quietly read

Dans la pratique, les nations sont d'accord avec Paley, mais y a-t-il quelqu'un pour penser que le Massachusetts agisse en toute justice dans la conjoncture actuelle ?

> *Dans ses brocards de pute, un État qui tapine*
> *La traîne portée haut, et l'âme à la sentine.*

En langage clair, ce n'est pas la kyrielle de politiciens du Sud qui s'oppose à une réforme au Massachusetts, mais la kyrielle de marchands et de fermiers qui s'intéressent davantage au commerce et à l'agriculture qu'à l'humanité et qui ne sont nullement prêts à rendre justice à l'esclave et au Mexique, à tout prix. Je ne cherche pas querelle à des ennemis lointains mais à ceux qui, tout près de moi, collaborent avec ces ennemis lointains et leur sont soumis : privés d'aide ces gens-là seraient inoffensifs. Nous sommes accoutumés de dire que la masse des hommes n'est pas prête ; mais le progrès est lent, parce que l'élite n'est, matériellement, ni plus avisée ni meilleure que la masse. Le plus important n'est pas que vous soyez au nombre des bonnes gens mais qu'il existe quelque part une bonté absolue, car cela fera lever toute la pâte. Il y a des milliers de gens qui par principe s'opposent à l'esclavage et à la guerre mais qui en pratique ne font rien pour y mettre un terme; qui se proclamant héritiers de Washington ou de Franklin, restent plantés les mains dans les poches à dire qu'ils ne savent que faire et ne font rien ; qui même subordonnent la question de la liberté à celle du libre–échange et lisent, après dîner,

the prices-current along with the latest advices from Mexico, after dinner, and, it may be, fall asleep over them both. What is the price-current of an honest man and patriot to-day? They hesitate, and they regret, and sometimes they petition; but they do nothing in earnest and with effect. They will wait, well disposed, for others to remedy the evil, that they may no longer have it to regret. At most, they give only a cheap vote, and a feeble countenance and God-speed, to the right, as it goes by them. There are nine hundred and ninety-nine patrons of virtue to one virtuous man; but it is easier to deal with the real possessor of a thing than with the temporary guardian of it.

All voting is a sort of gaming, like chequers or backgammon, with a slight moral tinge to it, a playing with right and wrong, with moral questions; and betting naturally accompanies it. The character of the voters is not staked. I cast my vote, perchance, as I think right; but I am not vitally concerned that that right should prevail. I am willing to leave it to the majority. Its obligation, therefore, never exceeds that of expediency. Even voting for the right is doing nothing for it. It is only expressing to men feebly your desire that it should prevail. A wise man will not leave the right to the mercy of chance, nor wish it to prevail through the power of the majority. There is but little virtue in the action of masses of men. When the majority shall at length vote for the abolition of slavery, it will be because they are indifferent to slavery, or because there is but

les nouvelles de la guerre du Mexique avec la même placidité que les cours de la Bourse et peut-être, s'endorment sur les deux. Quel est le cours d'un honnête homme et d'un patriote aujourd'hui ? On tergiverse, on déplore et quelquefois on pétitionne, mais on n'entreprend rien de sérieux ni d'effectif. On attend, avec bienveillance, que d'autres remédient au mal, afin de n'avoir plus à le déplorer. Tout au plus, offre-t-on un vote bon marché, un maigre encouragement, un « Dieu vous assiste » à la justice quand elle passe. Il y a 999 défenseurs de la vertu pour un seul homme vertueux. Mais il est plus facile de traiter avec le légitime possesseur d'une chose qu'avec son gardien provisoire.

Tout vote est une sorte de jeu, comme les échecs ou le trictrac, avec en plus une légère nuance morale où le bien et le mal sont l'enjeu ; les problèmes moraux et les paris, naturellement l'accompagnent. Le caractère des votants est hors-jeu. je donne mon vote, c'est possible, à ce que j'estime juste ; mais il ne m'est pas d'une importance vitale que ce juste l'emporte. Je veux bien l'abandonner à la majorité. Son urgence s'impose toujours en raison de son opportunité. Même voter pour ce qui est juste, ce n'est rien faire pour la justice. Cela revient à exprimer mollement votre désir qu'elle l'emporte. Un sage n'abandonne pas la justice aux caprices du hasard ; il ne souhaite pas non plus qu'elle l'emporte par le pouvoir d'une majorité. Il y a bien peu de vertu dans l'action des masses humaines. Lorsqu'à la longue la majorité votera pour l'abolition de l'esclavage, ce sera soit par indifférence à l'égard de l'esclavage, soit pour la raison qu'il ne restera

little slavery left to be abolished by their vote. They will then be the only slaves. Only his vote can hasten the abolition of slavery who asserts his own freedom by his vote.

I hear of a convention to be held at Baltimore, or elsewhere, for the selection of a candidate for the Presidency, made up chiefly of editors, and men who are politicians by profession; but I think, what is it to any independent, intelligent, and respectable man what decision they may come to, shall we not have the advantage of his wisdom and honesty, nevertheless? Can we not count upon some independent votes? Are there not many individuals in the country who do not attend conventions? But no: I find that the respectable man, so called, has immediately drifted from his position, and despairs of his country, when his country has more reason to despair of him. He forthwith adopts one of the candidates thus selected as the only available one, thus proving that he is himself available for any purposes of the demagogue. His vote is of no more worth than that of any unprincipled foreigner or hireling native, who may have been bought. Oh for a man who is a man, and, as my neighbor says, has a bone in his back which you cannot pass your hand through! Our statistics are at fault: the population has been returned too large. How many men are there to a square thousand miles in this country? Hardly one. Does not America offer any inducement for men to settle here?

plus d'esclavage à abolir par le vote. Ce seront eux, alors, les véritables esclaves. Seul peut hâter l'abolition de l'esclavage, celui qui, par son vote, affirme sa propre liberté.

J'entends parler d'une « Convention » prévue à Baltimore ou ailleurs pour choisir un candidat à la Présidence ; cette « Convention » serait principalement constituée de rédacteurs en chef de journaux et de politiciens de carrière ; mais moi, je me dis : qu'importe à un homme indépendant, intelligent et respectable la décision où ils peuvent aboutir ? N'aurons-nous pas quand même le bénéfice de la sagesse et de l'honnêteté de cet homme-là ? Ne pouvons-nous tabler sur des votes indépendants ? Le pays ne compte-t-il pas nombre d'individus qui n'assistent pas aux conventions ? Mais non, je m'aperçois que des hommes honorables, ou soi-disant tels, ont immédiatement dévié de leur position et désespèrent de leur pays, alors que leur pays aurait bien plutôt sujet de désespérer d'eux. Ils adoptent sans tarder un des candidats ainsi choisis comme le seul disponible, prouvant ainsi leur propre disponibilité aux desseins du démagogue. Leur voix n'a pas plus de valeur que celle d'un quelconque étranger sans principes ou d'un Américain qui s'est vendu. Oh ! que ne puis-je trouver un homme, un vrai, comme dit l'autre pas une chiffe qu'on retourne comme un gant ! Nos statistiques sont en défaut : le chiffre de la population a été surfait. Combien d'hommes y a-t-il dans ce pays pour 1 000 m² ? À peine un. L'Amérique n'offre-t-elle pas aux hommes la moindre tentation de venir s'y fixer ?

The American has dwindled into an Odd Fellow, — one who may be known by the development of his organ of gregariousness, and a manifest lack of intellect and cheerful self-reliance; whose first and chief concern, on coming into the world, is to see that the alms-houses are in good repair; and, before yet he has lawfully donned the virile garb, to collect a fund for the support of the widows and orphans that may be; who, in short, ventures to live only by the aid of the mutual insurance company, which has promised to bury him decently.

It is not a man's duty, as a matter of course, to devote himself to the eradication of any, even the most enormous wrong; he may still properly have other concerns to engage him; but it is his duty, at least, to wash his hands of it, and, if he gives it no thought longer, not to give it practically his support. If I devote myself to other pursuits and contemplations, I must first see, at least, that I do not pursue them sitting upon another man's shoulders. I must get off him first, that he may pursue his contemplations too. See what gross inconsistency is tolerated. I have heard some of my townsmen say, «I should like to have them order me out to help put down an insurrection of the slaves, or to march to Mexico, — see if I would go;» and yet these very men have each, directly by their allegiance, and so indirectly, at least, by their money, furnished a substitute. The soldier is applauded who refuses to serve in an unjust war by those who do not refuse to sustain the unjust government

L'Américain s'est réduit à n'être qu'un « Membre Affilié » – type reconnaissable à l'hypertrophie de son sens grégaire et à un manque manifeste d'intellect et d'allègre confiance en soi – dont le premier et le principal souci en venant au monde est de veiller à l'entretien des Hospices et – avant même d'avoir endossé comme il se doit la Toge virile – de s'en aller ouvrir une souscription pour le soutien des veuves et des orphelins éventuels ; qui, en un mot, ne s'aventure à vivre que soutenu par sa Compagnie d'Assurances Mutuelles, en échange de la promesse d'un bel enterrement.

Ce n'est une obligation pour personne, bien sûr, de se vouer à l'extirpation de tel ou tel mal, aussi criant et injuste soit-il ; on peut très bien se consacrer à d'autres poursuites ; mais qu'au moins on ne s'en lave pas les mains : ne pas accorder à ce mal d'attention soutenue ne veut pas dire qu'il faille lui accorder un appui de fait. Si je me livre à d'autres activités, à d'autres projets, il me faudrait au moins veiller d'abord à ne pas les poursuivre juché sur les épaules d'autrui. Je dois d'abord en descendre pour permettre à mon prochain de poursuivre, lui aussi, ses projets. Voyez quelle grossière ambiguïté on tolère ! J'ai entendu dire à certains de mes compatriotes : « Il ferait beau voir qu'on me mette en demeure d'aider à mater une révolte des esclaves ou de me mobiliser pour le Mexique. Vous verriez si j'irais ! » ; et pourtant, ces mêmes hommes ont chacun directement par leur obéissance, et de la sorte indirectement par leur argent, avancé un remplaçant. Il est applaudi le soldat qui refuse de servir dans une guerre injuste, par ceux-là mêmes qui ne refusent pas de servir le gouvernement injuste

which makes the war; is applauded by those whose own act and authority he disregards and sets at nought; as if the State were penitent to that degree that it hired one to scourge it while it sinned, but not to that degree that it left off sinning for a moment. Thus, under the name of order and civil government, we are all made at last to pay homage to and support our own meanness. After the first blush of sin, comes its indifference; and from immoral it becomes, as it were, unmoral, and not quite unnecessary to that life which we have made.

The broadest and most prevalent error requires the most disinterested virtue to sustain it. The slight reproach to which the virtue of patriotism is commonly liable, the noble are most likely to incur. Those who, while they disapprove of the character and measures of a government, yield to it their allegiance and support, are undoubtedly its most conscientious supporters, and so frequently the most serious obstacles to reform. Some are petitioning the State to dissolve the Union, to disregard the requisitions of the President. Why do they not dissolve it themselves,—the union between themselves and the State,—and refuse to pay their quota into its treasury? Do not they stand in the same relation to the State, that the State does to the Union? And have not the same reasons prevented the State from resisting the Union, which have prevented them from resisting the State?

qui fait la guerre ; il est applaudi par ceux-là mêmes dont il dédaigne et réduit à néant l'autorité ; comme si l'État devenu pénitent allait jusqu'à engager quelqu'un pour se faire fouetter au moment du péché, sans s'arrêter un instant de pécher pour autant. Ainsi, sous le nom d'Ordre et de Gouvernement Civique, nous sommes tous amenés à rendre hommage et allégeance à notre propre médiocrité. On rougit d'abord de son crime et puis on s'y habitue ; et le voilà qui d'immoral devient amoral et non sans usage dans la vie que nous nous sommes fabriquée.

L'erreur la plus vaste et la plus répandue exige pour la soutenir la vertu la plus désintéressée. Le léger reproche auquel se prête d'habitude la vertu de patriotisme, ce sont les âmes nobles qui sont les plus susceptibles de l'encourir. Les gens qui, tout en désapprouvant le caractère et les mesures d'un gouvernement, lui concèdent leur obéissance et leur appui sont sans conteste ses partisans les plus zélés et par là, fréquemment, l'obstacle le plus sérieux aux réformes. D'aucuns requièrent l'État de dissoudre l'Union, de passer outre aux injonctions du Président. Pourquoi ne pas la dissoudre eux-mêmes – l'union entre eux et l'État – en refusant de verser leur quote-part au Trésor ? N'ont-ils pas vis-à-vis de l'État la même relation que l'État vis-à-vis de l'Union ? Et les mêmes raisons qui les ont empêchés de résister à l'Union, ne les ont-elles pas empêchés de résister à l'État ?

How can a man be satisfied to entertain an opinion merely, and enjoy it? Is there any enjoyment in it, if his opinion is that he is aggrieved? If you are cheated out of a single dollar by your neighbor, you do not rest satisfied with knowing that you are cheated, or with saying that you are cheated, or even with petitioning him to pay you your due; but you take effectual steps at once to obtain the full amount, and see that you are never cheated again. Action from principle,—the perception and the performance of right,—changes things and relations; it is essentially revolutionary, and does not consist wholly with any thing which was. It not only divides states and churches, it divides families; aye, it divides the individual, separating the diabolical in him from the divine.

Unjust laws exist: shall we be content to obey them, or shall we endeavor to amend them, and obey them until we have succeeded, or shall we transgress them at once? Men generally, under such a government as this, think that they ought to wait until they have persuaded the majority to alter them. They think that, if they should resist, the remedy would be worse than the evil. But it is the fault of the government itself that the remedy is worse than the evil. It makes it worse. Why is it not more apt to anticipate and provide for reform? Why does it not cherish its wise minority? Why does it cry and resist before it is hurt? Why does it not encourage its citizens to be on the alert to point out its faults, and do better than it would have them?

Comment peut-on se contenter d'avoir tout bonnement une opinion et se complaire à ça ? Quel plaisir peut-on trouver à entretenir l'opinion qu'on est opprimé ? Si votre voisin vous refait, ne serait-ce que d'un dollar, vous ne vous bornez pas à constater, à proclamer qu'il vous a roulé, ni même à faire une pétition pour qu'il vous restitue votre dû ; vous prenez sur-le champ des mesures énergiques pour rentrer dans votre argent et vous assurer contre toute nouvelle fraude. L'action fondée sur un principe, la perception et l'accomplissement de ce qui est juste, voilà qui change la face des choses et des relations ; elle est révolutionnaire par essence, elle n'a aucun précédent véritable. Elle ne sème pas seulement la division dans les États et les Églises, mais aussi dans les familles ; bien plus, elle divise l'individu, séparant en lui le diabolique du divin.

Il existe des lois injustes : consentirons-nous à leur obéir ? Tenterons-nous de les amender en leur obéissant jusqu'à ce que nous soyons arrivés à nos fins – ou les transgresserons-nous tout de suite ? En général, les hommes, sous un gouvernement comme le nôtre, croient de leur devoir d'attendre que la majorité se soit rendue à leurs raisons. Ils croient que s'ils résistaient, le remède serait pire que le mal ; mais si le remède se révèle pire que le mal, c'est bien la faute du gouvernement. C'est lui le responsable. Pourquoi n'est-il pas plus disposé à prévoir et à accomplir des réformes ? Pourquoi n'a-t-il pas d'égards pour sa minorité éclairée ? Pourquoi pousse-t-il les hauts cris et se défend-il avant qu'on le touche ? Pourquoi n'encourage-t-il pas les citoyens à rester en alerte pour lui signaler ses erreurs et améliorer ses propres décisions ?

Why does it always crucify Christ, and excommunicate Copernicus and Luther, and pronounce Washington and Franklin rebels?

One would think, that a deliberate and practical denial of its authority was the only offence never contemplated by government; else, why has it not assigned its definite, its suitable and proportionate penalty? If a man who has no property refuses but once to earn nine shillings for the State, he is put in prison for a period unlimited by any law that I know, and determined only by the discretion of those who placed him there; but if he should steal ninety times nine shillings from the State, he is soon permitted to go at large again.

If the injustice is part of the necessary friction of the machine of government, let it go, let it go: perchance it will wear smooth,—certainly the machine will wear out. If the injustice has a spring, or a pulley, or a rope, or a crank, exclusively for itself, then perhaps you may consider whether the remedy will not be worse than the evil; but if it is of such a nature that it requires you to be the agent of injustice to another, then, I say, break the law. Let your life be a counter friction to stop the machine. What I have to do is to see, at any rate, that I do not lend myself to the wrong which I condemn.

As for adopting the ways which the State has provided for remedying the evil, I know not of such ways. They take too much time, and a man's life will be gone.

Pourquoi crucifie-t-il toujours le Christ – pourquoi excommunie-t-il Copernic et Luther et dénonce-t-il Washington et Franklin comme rebelles ?

On dirait que le refus délibéré et effectif de son autorité est le seul crime que le gouvernement n'ait jamais envisagé, sinon pourquoi n'a-t-il pas mis au point de châtiment défini, convenable et approprié ? Si un homme qui ne possède rien refuse, ne serait-ce qu'une fois, de gagner un dollar au profit de l'État, on le jette en prison pour une durée qu'aucune loi, à ma connaissance, ne définit et qui est laissée à la discrétion de ceux qui l'y ont envoyé ; mais vole-t-il mille fois un dollar à l'État qu'on le relâche aussitôt.

Si l'injustice est indissociable du frottement nécessaire à la machine gouvernementale, l'affaire est entendue. Il s'atténuera bien à l'usage – la machine finira par s'user, n'en doutons pas. Si l'injustice a un ressort, une poulie, une corde ou une manivelle qui lui est spécialement dévolue, il est peut-être grand temps de se demander si le remède n'est pas pire que le mal ; mais si, de par sa nature, cette machine veut faire de nous l'instrument de l'injustice envers notre prochain, alors je vous le dis, enfreignez la loi. Que votre vie soit un contre–frottement pour stopper la machine. Il faut que je veille, en tout cas, à ne pas me prêter au mal que je condamne.

Quant à recourir aux moyens que l'État a prévus pour remédier au mal, ces moyens-là, je n'en veux rien savoir. Ils prennent trop de temps et la vie d'un homme n'y suffirait pas.

I have other affairs to attend to. I came into this world, not chiefly to make this a good place to live in, but to live in it, be it good or bad. A man has not every thing to do, but something; and because be cannot do every thing, it is not necessary that he should do something wrong. It is not my business to be petitioning the governor or the legislature any more than it is theirs to petition me; and, if they should not hear my petition, what should I do then? But in this case the State has provided no way: its very Constitution is the evil. This may seem to be harsh and stubborn and unconciliatory; but it is to treat with the utmost kindness and consideration the only spirit that can appreciate or deserves it. So is all change for the better, like birth and death which convulse the body.

I do not hesitate to say, that those who call themselves abolitionists should at once effectually withdraw their support, both in person and property, from the government of Massachusetts, and not wait till they constitute a majority of one, before they suffer the right to prevail through them. I think that it is enough if they have God on their side, without waiting for that other one. Moreover, any man more right than his neighbors, constitutes a majority of one already.

I meet this American government, or its representative the State government, directly, and face to face, once a year, no more, in the person of its tax-gatherer; this is the only mode in which a man

J'ai autre chose à faire. Si je suis venu au monde, ce n'est pour le transformer en un lieu où il fasse bon vivre, mais pour y vivre, qu'il soit bon ou mauvais. Un homme n'a pas tout à faire mais quelque chose, et qu'il n'ait pas la possibilité de tout faire ne signifie pas qu'il doive faire quelque chose de mal. Ce n'est pas mon affaire de présenter des pétitions au gouverneur ou au Corps Législatif ; ça n'est pas la leur de m'en présenter non plus, car s'ils ne tiennent pas compte de ma pétition, que devrais-je faire ? Dans ce seul cas, l'État n'a prévu aucun recours : le mal réside dans la Constitution elle-même. Cela peut sembler dur, borné et intransigeant, mais c'est traiter avec la plus extrême bonté et considération le seul esprit qui soit à même de l'apprécier et de le mériter. Il en est ainsi de tous changements en bien, comme la mort et la vie, qui s'opèrent dans les convulsions.

Je n'hésite pas à le dire : ceux qui se disent abolitionnistes devraient, sur le champ, retirer tout de bon leur appui, tant dans leur personne que dans leurs biens, au gouvernement du Massachusetts, et cela sans attendre de constituer la majorité d'une voix, pour permettre à la justice de triompher grâce à eux. S'ils écoutent la voix de Dieu ils n'ont nul besoin, me semble-t-il, de compter sur une autre voix. En outre, tout homme qui a raison contre les autres, constitue déjà une majorité d'une voix.

Le gouvernement américain ou son représentant, le gouvernement du Massachusetts, je le rencontre directement, et face à face, une fois l'an – pas plus – en la personne de son percepteur ; c'est la seule forme sous laquelle un homme

situated as I am necessarily meets it; and it then says distinctly, *Recognize me*; and the simplest, the most effectual, and, in the present posture of affairs, the indispensablest mode of treating with it on this head, of expressing your little satisfaction with and love for it, is to deny it then. My civil neighbor, the tax-gatherer, is the very man I have to deal with, — for it is, after all, with men and not with parchment that I quarrel, — and he has voluntarily chosen to be an agent of the government. How shall he ever know well what he is and does as an officer of the government, or as a man, until he is obliged to consider whether he shall treat me, his neighbor, for whom he has respect, as a neighbor and well-disposed man, or as a maniac and disturber of the peace, and see if he can get over this obstruction to his neighborliness without a ruder and more impetuous thought or speech corresponding with his action? I know this well, that if one thousand, if one hundred, if ten men whom I could name, — if ten honest men only, — aye, if one honest man, in this State of Massachusetts, ceasing to hold slaves, were actually to withdraw from this copartnership, and be locked up in the county jail therefor, it would be the abolition of slavery in America. For it matters not how small the beginning may seem to be: what is once well done is done for ever. But we love better to talk about it: that we say is our mission. Reform keeps many scores of newspapers in its service, but not one man. If my esteemed neighbor,

dans ma condition rencontre forcément l'État qui me dit alors clairement : « Reconnais-moi. » Alors, dans ce cas, la manière la plus simple, la plus efficace et, dans la conjoncture actuelle, la manière la plus urgente de traiter avec lui de la question, et d'exprimer la maigre satisfaction et tendresse qu'il nous inspire, c'est de le désavouer sur l'heure. Mon voisin fort civil, le percepteur, est bien l'homme à qui j'ai affaire – car c'est à tout prendre avec des hommes et non avec des parchemins que j'ai querelle – et il a délibérément choisi d'être fonctionnaire. Comment saura-t-il vraiment ce qu'il est et ce qu'il fait en sa qualité de fonctionnaire et en sa qualité d'homme? Jamais tant qu'il ne sera pas mis en demeure de considérer s'il doit me traiter, moi son voisin respecté, en voisin et en homme bien intentionné, ou bien en fou furieux et en perturbateur de l'ordre public ; tant qu'il ne sera pas forcé de trouver le moyen de surmonter l'obstacle à nos relations amicales sans céder aux pensées et aux paroles discourtoises et violentes qui vont de pair avec ses actes. Je suis convaincu que si un millier, si une centaine, si une dizaine d'hommes que je pourrais nommer – si seulement dix honnêtes gens – que dis-je ? Si un seul honnête homme cessait, dans notre État du Massachusetts de garder des esclaves, venait vraiment à se retirer de cette confrérie, quitte à se faire jeter dans la prison du Comté, cela signifierait l'abolition de l'esclavage en Amérique. Car peu importe qu'un début soit modeste : ce qui est bien fait au départ est fait pour toujours. Mais nous aimons mieux en discuter – c'est cela que nous appelons notre mission. La réforme entretient à son service des quantités de journaux, mais pas un seul homme. Si mon digne voisin,

the State's ambassador, who will devote his days to the settlement of the question of human rights in the Council Chamber, instead of being threatened with the prisons of Carolina, were to sit down the prisoner of Massachusetts, that State which is so anxious to foist the sin of slavery upon her sister, — though at present she can discover only an act of inhospitality to be the ground of a quarrel with her, — the Legislature would not wholly waive the subject the following winter.

Under a government which imprisons any unjustly, the true place for a just man is also a prison. The proper place to-day, the only place which Massachusetts has provided for her freer and less desponding spirits, is in her prisons, to be put out and locked out of the State by her own act, as they have already put themselves out by their principles. It is there that the fugitive slave, and the Mexican prisoner on parole, and the Indian come to plead the wrongs of his race, should find them; on that separate, but more free and honorable ground, where the State places those who are not with her but against her, — the only house in a slave-state in which a free man can abide with honor. If any think that their influence would be lost there, and their voices no longer afflict the ear of the State, that they would not be as an enemy within its walls, they do not know by how much truth is stronger than error, nor how much more eloquently and effectively he can combat injustice who has experienced a little in his own person. Cast your whole vote, not a strip of paper merely, but your whole influence.

l'Ambassadeur d'État qui consacre son existence au règlement du problème des droits de l'homme à la Chambre du Conseil, au lieu de se laisser menacer des prisons de la Caroline, devait se présenter en prisonnier du Massachusetts, cet État qui est si anxieux de rejeter sur sa sœur le crime de l'esclavage, encore qu'il ne puisse à ce jour découvrir d'autre grief à l'encontre de celle-ci qu'un acte d'inhospitalité – le corps législatif n'écarterait pas tout à fait le sujet l'hiver prochain.

Sous un gouvernement qui emprisonne quiconque injustement, la véritable place d'un homme juste est aussi en prison. La place qui convient aujourd'hui, la seule place que le Massachusetts ait prévue pour ses esprits les plus libres et les moins abattus, c'est la prison d'État. Ce dernier les met dehors et leur ferme la porte au nez. Ne se sont-ils pas mis dehors eux-mêmes, de par leurs principes ? C'est là que l'esclave fugitif et le prisonnier mexicain en liberté surveillée, et l'Indien venu pour invoquer les torts causés à sa race, les trouveront sur ce terrain isolé, mais libre et honorable où l'État relègue ceux qui ne sont pas avec lui, mais contre lui : c'est, au sein d'un État esclavagiste, le seul domicile où un homme libre puisse trouver un gîte honorable. S'il y en a pour penser que leur influence y perdrait et que leur voix ne blesserait plus l'oreille de l'État, qu'ils n'apparaîtraient plus comme l'ennemi menaçant ses murailles, ceux-là ignorent de combien la vérité est plus forte que l'erreur, de combien plus d'éloquence et d'efficacité est doué dans sa lutte contre l'injustice l'homme qui l'a éprouvée un peu dans sa personne même. Donnez tout votre vote, pas seulement un bout de papier, mais toute votre influence.

A minority is powerless while it conforms to the majority; it is not even a minority then; but it is irresistible when it clogs by its whole weight. If the alternative is to keep all just men in prison, or give up war and slavery, the State will not hesitate which to choose. If a thousand men were not to pay their tax-bills this year, that would not be a violent and bloody measure, as it would be to pay them, and enable the State to commit violence and shed innocent blood. This is, in fact, the definition of a peaceable revolution, if any such is possible. If the tax-gatherer, or any other public officer, asks me, as one has done, «But what shall I do?» my answer is, «If you really wish to do any thing, resign your office.» When the subject has refused allegiance, and the officer has resigned his office, then the revolution is accomplished. But even suppose blood should flow. Is there not a sort of blood shed when the conscience is wounded? Through this wound a man's real manhood and immortality flow out, and he bleeds to an everlasting death. I see this blood flowing now.

I have contemplated the imprisonment of the offender, rather than the seizure of his goods, — though both will serve the same purpose, — because they who assert the purest right, and consequently are most dangerous to a corrupt State, commonly have not spent much time in accumulating property. To such the State renders comparatively small service, and a slight tax is wont to appear exorbitant, particularly if they are

Une minorité ne peut rien tant qu'elle se conforme à la majorité ; ce n'est même pas alors une minorité. Mais elle est irrésistible lorsqu'elle fait obstruction de tout son poids. S'il n'est d'autre alternative que celle-ci : garder tous les justes en prison ou bien abandonner la guerre et l'esclavage, l'État n'hésitera pas à choisir. Si un millier d'hommes devaient s'abstenir de payer leurs impôts cette année, ce ne serait pas une initiative aussi brutale et sanglante que celle qui consisterait à les régler, et à permettre ainsi à l'État de commettre des violences et de verser le sang innocent. Cela définit, en fait, une révolution pacifique, dans la mesure où pareille chose est possible. Si le percepteur ou quelque autre fonctionnaire me demande, comme ce fut le cas : « Mais que dois-je faire ? », je lui réponds : « Si vous voulez vraiment faire quelque chose, démissionnez ! » Quand le sujet a refusé obéissance et que le fonctionnaire démissionne, alors la révolution est accomplie. Même à supposer que le sang coule. N'y a-t-il pas effusion de sang quand la conscience est blessée ? Par une telle blessure s'écoulent la dignité et l'immortalité véritable de la personne humaine qui meurt, vidée de son sang pour l'éternité. Je vois ce sang-là couler aujourd'hui.

J'ai envisagé l'emprisonnement de l'offenseur plutôt que la saisie de ses biens – encore que tous deux servent la même fin – parce que ceux qui affirment le droit le plus imprescriptible, et qui par là apparaissent comme les plus dangereux adversaires d'un État corrompu, n'ont pas, d'habitude, passé beaucoup de temps à accumuler des richesses. À ces sortes de gens, l'État rend relativement peu de services et une légère imposition leur apparaît naturellement exorbitante, surtout s'ils sont

obliged to earn it by special labor with their hands. If there were one who lived wholly without the use of money, the State itself would hesitate to demand it of him. But the rich man — not to make any invidious comparison — is always sold to the institution which makes him rich. Absolutely speaking, the more money, the less virtue; for money comes between a man and his objects, and obtains them for him; and it was certainly no great virtue to obtain it. It puts to rest many questions which he would otherwise be taxed to answer; while the only new question which it puts is the hard but superfluous one, how to spend it. Thus his moral ground is taken from under his feet. The opportunities of living are diminished in proportion as what are called the «means» are increased. The best thing a man can do for his culture when he is rich is to endeavour to carry out those schemes which he entertained when he was poor. Christ answered the Herodians according to their condition. «Show me the tribute-money,» said he; — and one took a penny out of his pocket; — If you use money which has the image of Cæsar on it, and which he has made current and valuable, that is, if you are men of the State, and gladly enjoy the advantages of Cæsar's government, then pay him back some of his own when he demands it; «Render therefore to Cæsar that which is Caesar's, and to God those things which are God's,» — leaving them no wiser than before as to which was which; for they did not wish to know.

obligés d'en couvrir les frais par un travail de leurs mains. Si quelqu'un vivait en se passant totalement d'argent, l'État lui-même hésiterait à lui en réclamer. Mais le riche – sans que l'envie me dicte aucune comparaison – est toujours vendu à l'institution qui l'enrichit. En poussant à fond, « plus on a d'argent, moins on a de vertu », car l'argent s'interpose entre un homme et ses objectifs pour les réaliser et il n'a sûrement pas fallu une grande vertu pour s'enrichir ainsi. L'argent met sous le boisseau nombre de questions auxquelles on serait autrement forcé de répondre, alors que la seule question neuve qu'il soulève, abrupte et superflue, c'est « comment le dépenser ». Ainsi le point d'appui moral s'effondre à la base. Les occasions de vivre diminuent en raison de l'augmentation de ce que l'on appelle les « moyens ». La meilleure chose qu'un homme puisse faire pour sa culture, lorsqu'il est devenu riche, c'est d'essayer de réaliser les idéaux qu'il entretenait lorsqu'il était pauvre. Le Christ répondait aux Hérodiens selon leur condition : « Montrez-moi l'argent du tribut », leur dit-il. Et comme l'un d'eux tirait un denier de sa poche : si vous vous servez d'une monnaie qui porte l'effigie de César et auquel César a donné cours et valeur, c'est-à-dire si vous êtes Gens de l'État et bien aises de jouir des avantages du gouvernement de César, alors payez-le dans sa monnaie quand il le réclame : « Rendez donc à César ce qui est à César et à Dieu ce qui est à Dieu », les laissant ainsi guère plus éclairés qu'avant pour saisir la différence, car ils ne désiraient pas la connaître.

When I converse with the freest of my neighbors, I perceive that, whatever they may say about the magnitude and seriousness of the question, and their regard for the public tranquillity, the long and the short of the matter is, that they cannot spare the protection of the existing government, and they dread the consequences of disobedience to it to their property and families. For my own part, I should not like to think that I ever rely on the protection of the State. But, if I deny the authority of the State when it presents its tax-bill, it will soon take and waste all my property, and so harass me and my children without end. This is hard. This makes it impossible for a man to live honestly and at the same time comfortably in outward respects. It will not be worth the while to accumulate property; that would be sure to go again. You must hire or squat somewhere, and raise but a small crop, and eat that soon. You must live within yourself, and depend upon yourself, always tucked up and ready for a start, and not have many affairs. A man may grow rich in Turkey even, if he will be in all respects a good subject of the Turkish government. Confucius said, — «If a State is governed by the principles of reason, poverty and misery are subjects of shame; if a State is not governed by the principles of reason, riches and honors are the subjects of shame.» No: until I want the protection of Massachusetts to be extended to me in some distant southern port, where my liberty is endangered, or until I am bent solely on building up an estate at home by peaceful enterprise,

En m'entretenant avec les plus affranchis de mes concitoyens, je m'aperçois qu'en dépit de tous leurs propos concernant l'importance et la gravité de la question, et leur souci de la tranquillité publique, le fort et le fin de l'affaire c'est qu'ils ne peuvent se passer de la protection du gouvernement en place et qu'ils redoutent les effets de leur désobéissance sur leurs biens ou leur famille. Pour mon compte personnel, il ne me plairait pas de penser que je doive m'en remettre à la protection de l'État ; mais si je refuse l'autorité de l'État lorsqu'il me présente ma feuille d'impôts, il prendra et dilapidera tout mon avoir, me harcelant moi ainsi que mes enfants, à n'en plus finir. Cela est dur, cela enlève à un homme toute possibilité de vivre normalement et à l'aise – j'entends, sur le plan matériel. À quoi bon accumuler des biens quand on est sûr de les voir filer ? Il faut louer quelques arpents, bien s'y installer et ne produire qu'une petite récolte pour la consommation immédiate. On doit vivre en soi, ne dépendre que de soi, et, toujours à pied d'œuvre et prêt à repartir, ne pas s'encombrer de multiples affaires. Un homme peut s'enrichir même en Turquie s'il se montre, à tous égards, le docile sujet du gouvernement turc. Confucius a dit : « Si un État est gouverné par les principes de la raison, pauvreté et misère sont des sujets de honte ; si un État n'est pas gouverné par les principes de la raison, richesses et honneurs sont des sujets de honte. » Non, avant que j'accepte de laisser la protection du Massachusetts s'étendre à ma personne en quelque lointain port du Sud où ma liberté est menacée, avant que je consacre tous mes efforts à édifier une fortune dans le pays par une initiative pacifique,

I can afford to refuse allegiance to Massachusetts, and her right to my property and life. It costs me less in every sense to incur the penalty of disobedience to the State, than it would to obey. I should feel as if I were worth less in that case.

Some years ago, the State met me in behalf of the church, and commanded me to pay a certain sum toward the support of a clergyman whose preaching my father attended, but never I myself. «Pay it,» it said, «or be locked up in the jail.» I declined to pay. But, unfortunately, another man saw fit to pay it. I did not see why the schoolmaster should be taxed to support the priest, and not the priest the schoolmaster; for I was not the State's schoolmaster, but I supported myself by voluntary subscription. I did not see why the lyceum should not present its tax-bill, and have the State to back its demand, as well as the church. However, at the request of the selectmen, I condescended to make some such statement as this in writing: — »Know all men by these presents, that I, Henry Thoreau, do not wish to be regarded as a member of any incorporated society which I have not joined.» This I gave to the town-clerk; and he has it. The State, having thus learned that I did not wish to be regarded as a member of that church, has never made a like demand on me since; though it said that it must adhere to its original presumption that time. If I had known how to name them, I should then have signed off in detail from all the societies which I never signed on to; but I did not know where to find a complete list.

je puis me permettre de refuser au Massachusetts obéissance et droit de regard sur ma propriété et mon existence. Il m'en coûte moins, à tous les sens du mot, d'encourir la sanction de désobéissance à l'État, qu'il ne m'en coûterait de lui obéir. J'aurais l'impression, dans ce dernier cas, de m'être dévalué.

Voici quelques années, l'État vint me requérir au nom de l'Église de payer une certaine somme pour l'entretien d'un pasteur dont, au contraire de mon père, je ne suivais jamais les sermons. « Payez, disait-il, ou vous êtes sous les verrous. » Je refusai de payer. Malheureusement, quelqu'un d'autre crut bon de le faire pour moi. Je ne voyais pas pourquoi on devait imposer au maître d'école l'entretien du prêtre et pas au prêtre, celui du maître d'école, car je n'étais pas payé par l'État. Je gagnais ma vie par cotisations volontaires. Je ne voyais pas pourquoi mon établissement ne présenterait pas aussi sa feuille d'impôts en faisant appuyer ses exigences par l'État à l'imitation de l'Église. Toutefois, à la prière du Conseil Municipal, je voulus bien condescendre à coucher par écrit la déclaration suivante : « Par le présent acte, je, soussigné Henry Thoreau, déclare ne pas vouloir être tenu pour membre d'une société constituée à laquelle je n'ai pas adhéré. » Je confiai cette lettre au greffier qui l'a toujours ; l'État ainsi informé que je ne souhaitais pas être tenu pour membre de cette Église, n'a jamais depuis lors réitéré semblables exigences, tout en insistant quand même sur la validité de sa présomption initiale. Si j'avais pu nommer toutes les Sociétés, j'aurais signé mon retrait de chacune d'elles, là où je n'avais jamais signé mon adhésion, mais je ne savais où me procurer une liste complète.

I have paid no poll-tax for six years. I was put into a jail once on this account, for one night; and, as I stood considering the walls of solid stone, two or three feet thick, the door of wood and iron, a foot thick, and the iron grating which strained the light, I could not help being struck with the foolishness of that institution which treated me as if I were mere flesh and blood and bones, to be locked up. I wondered that it should have concluded at length that this was the best use it could put me to, and had never thought to avail itself of my services in some way. I saw that, if there was a wall of stone between me and my townsmen, there was a still more difficult one to climb or break through, before they could get to be as free as I was. I did not for a moment feel confined, and the walls seemed a great waste of stone and mortar. I felt as if I alone of all my townsmen had paid my tax. They plainly did not know how to treat me, but behaved like persons who are underbred. In every threat and in every compliment there was a blunder; for they thought that my chief desire was to stand the other side of that stone wall. I could not but smile to see how industriously they locked the door on my meditations, which followed them out again without let or hinderance, and they were really all that was dangerous. As they could not reach me, they had resolved to punish my body; just as boys, if they cannot come at some person against whom they have a spite, will abuse his dog. I saw that the State was half-witted, that it was timid as a lone woman with her silver spoons,

Je n'ai payé aucune capitation depuis six ans ; cela me valut de passer une nuit en prison ; tandis que j'étais là à considérer les murs de grosses pierres de deux à trois pieds d'épaisseur, la porte de bois et de fer d'une épaisseur d'un pied et le grillage en fer qui filtrait la lumière, je ne pus m'empêcher d'être saisi devant la bêtise d'une institution qui me traitait comme un paquet de chair, de sang et d'os, bon à être mis sous clef. Je restais étonné de la conclusion à laquelle cette institution avait finalement abouti, à savoir que c'était là le meilleur parti qu'elle pût tirer de moi ; il ne lui était jamais venu à l'idée de bénéficier de mes services d'une autre manière. Je compris que, si un rempart de pierre s'élevait entre moi et mes concitoyens, il s'en élevait un autre, bien plus difficile à escalader ou à percer, entre eux et la liberté dont moi, je jouissais. Pas un instant, je n'eus le sentiment d'être enfermé et les murs me semblaient un vaste gâchis de pierre et de mortier. J'avais l'impression d'être le seul de mes concitoyens à avoir payé l'impôt. De toute évidence, ils ne savaient pas comment me traiter et se comportaient en grossiers personnages. Chaque menace, chaque compliment cachait une bévue ; car ils croyaient que mon plus cher désir était de me trouver de l'autre côté de ce mur de pierre. Je ne pouvais que sourire de leur empressement à pousser le verrou sur mes méditations qui les suivaient dehors en toute liberté, et c'était d'elles, assurément, que venait le danger. Ne pouvant m'atteindre, ils avaient résolu de punir mon corps, tout comme des garnements qui, faute de pouvoir approcher une personne à qui ils en veulent, s'en prennent à son chien. Je vis que l'État était un nigaud, aussi apeuré qu'une femme seule avec ses couverts d'argent,

and that it did not know its friends from its foes, and I lost all my remaining respect for it, and pitied it.

Thus the State never intentionally confronts a man's sense, intellectual or moral, but only his body, his senses. It is not armed with superior wit or honesty, but with superior physical strength. I was not born to be forced. I will breathe after my own fashion. Let us see who is the strongest. What force has a multitude? They only can force me who obey a higher law than I. They force me to become like themselves. I do not hear of men being forced to live this way or that by masses of men. What sort of life were that to live? When I meet a government which says to me, «Your money or your life,» why should I be in haste to give it my money? It may be in a great strait, and not know what to do: I cannot help that. It must help itself; do as I do. It is not worth the while to snivel about it. I am not responsible for the successful working of the machinery of society. I am not the son of the engineer. I perceive that, when an acorn and a chestnut fall side by side, the one does not remain inert to make way for the other, but both obey their own laws, and spring and grow and flourish as best they can, till one, perchance, overshadows and destroys the other. If a plant cannot live according to its nature, it dies; and so a man.

qu'il ne distinguait pas ses amis d'avec ses ennemis, et perdant tout le respect qu'il m'inspirait encore, j'eus pitié de lui.

Ainsi l'État n'affronte jamais délibérément le sens intellectuel et moral d'un homme, mais uniquement son être physique, ses sens. Il ne dispose contre nous ni d'un esprit ni d'une dignité supérieurs, mais de la seule supériorité physique. Je ne suis pas né pour qu'on me force. Je veux respirer à ma guise. Voyons qui l'emportera. Quelle force dans la multitude ? Seuls peuvent me forcer ceux qui obéissent à une loi supérieure à la mienne. Ceux-là me forcent à leur ressembler. Je n'ai pas entendu dire que des hommes aient été forcés de vivre comme ceci ou comme cela par des masses humaines – que signifierait ce genre de vie ? Lorsque je rencontre un gouvernement qui me dit : « La bourse ou la vie », pourquoi me hâterais-je de lui donner ma bourse ? Il est peut-être dans une passe difficile, aux abois ; qu'y puis-je ? Il n'a qu'à s'aider lui-même, comme moi. Pas la peine de pleurnicher. Je ne suis pas responsable du bon fonctionnement de la machine sociale. Je ne suis pas le fils de l'ingénieur. Je m'aperçois que si un gland et une châtaigne tombent côte à côte, l'un ne reste pas inerte pour céder la place à l'autre ; tous deux obéissent à leurs propres lois, germent, croissent et prospèrent de leur mieux, jusqu'au jour où l'un, peut-être, étendra son ombre sur l'autre et l'étouffera. Si une plante ne peut vivre selon sa nature, elle dépérit ; un homme de même.

The night in prison was novel and interesting enough. The prisoners in their shirt-sleeves were enjoying a chat and the evening air in the door-way, when I entered. But the jailer said, «Come, boys, it is time to lock up;» and so they dispersed, and I heard the sound of their steps returning into the hollow apartments. My room-mate was introduced to me by the jailer, as «a first-rate fellow and a clever man.» When the door was locked, he showed me where to hang my hat, and how he managed matters there. The rooms were whitewashed once a month; and this one, at least, was the whitest, most simply furnished, and probably the neatest apartment in the town. He naturally wanted to know where I came from, and what brought me there; and, when I had told him, I asked him in my turn how he came there, presuming him to be an honest man, of course; and, as the world goes, I believe he was. «Why,» said he, «they accuse me of burning a barn; but I never did it.» As near as I could discover, he had probably gone to bed in a barn when drunk, and smoked his pipe there; and so a barn was burnt. He had the reputation of being a clever man, had been there some three months waiting for his trial to come on, and would have to wait as much longer; but he was quite domesticated and contented, since he got his board for nothing, and thought that he was well treated.

La nuit en prison fut une expérience nouvelle et non dénuée d'intérêt. Les prisonniers, en manches de chemise, bavardaient en prenant l'air sur le pas de la porte, le soir où j'y entrais. Le geôlier dit alors : « Allons les gars, c'est l'heure de mettre le verrou. » Sur quoi, ils s'égaillèrent et j'entendis le bruit de leurs pas qui regagnaient leur caverneuse demeure. Le geôlier me présenta mon compagnon de cellule comme un « très brave garçon et un homme capable ». Quand la porte fut verrouillée, celui-ci me montra où accrocher mon chapeau, et comment on se débrouillait là. Les cellules étaient blanchies à la chaux, une fois par mois, et pour ce qui est de la mienne, c'était sans doute la demeure de la ville la plus blanche, la plus simplement meublée et probablement la mieux tenue. Cet homme voulut, bien sûr, savoir d'où je venais et ce qui m'avait amené là ; et lorsque je le lui eus dit, je lui demandai à mon tour à quelles circonstances il devait d'être là, présumant, naturellement, que je me trouvais en face d'un honnête homme; et le monde étant ce qu'il est, je crois que j'avais raison : « Oh moi ! dit-il, on m'accuse d'avoir incendié une grange, mais ce n'est pas vrai. » Autant que je pus en juger, il avait dû s'en aller dormir dans une grange, en état d'ivresse, et là s'était mis à fumer la pipe ; c'est ainsi qu'une grange brûla. Il avait la réputation d'être un homme capable, attendait depuis trois mois de passer en jugement, et son attente devait se prolonger d'autant ; mais il se sentait chez lui et, satisfait d'être nourri et logé gratis, il s'estimait fort bien traité.

He occupied one window, and I the other; and I saw, that, if one stayed there long, his principal business would be to look out the window. I had soon read all the tracts that were left there, and examined where former prisoners had broken out, and where a grate had been sawed off, and heard the history of the various occupants of that room; for I found that even here there was a history and a gossip which never circulated beyond the walls of the jail. Probably this is the only house in the town where verses are composed, which are afterward printed in a circular form, but not published. I was shown quite a long list of verses which were composed by some young men who had been detected in an attempt to escape, who avenged themselves by singing them.

I pumped my fellow-prisoner as dry as I could, for fear I should never see him again; but at length he showed me which was my bed, and left me to blow out the lamp.

It was like travelling into a far country, such as I had never expected to behold, to lie there for one night. It seemed to me that I never had heard the town-clock strike before, nor the evening sounds of the village; for we slept with the windows open, which were inside the grating. It was to see my native village in the light of the middle ages, and our Concord was turned into a Rhine stream, and visions of knights and castles passed before me.

Il occupait une fenêtre, moi l'autre ; et je vis que si l'on restait là un bout de temps, on s'occupait principalement à regarder par la fenêtre. J'eus bientôt parcouru toutes les brochures qui traînaient là et j'examinai les endroits par où mes prédécesseurs s'étaient échappés ; un barreau avait été scié et j'appris l'histoire des divers occupants de cette cellule, car je m'aperçus que, même en ces lieux, il y avait une histoire et des ragots qui ne franchissaient jamais les murs de la prison. C'est probablement la seule résidence de la ville où l'on compose des vers, imprimés ensuite sous forme de circulaire, mais sans publication. On me montra une longue série de poèmes composés par des jeunes gens qui avaient été surpris en pleine tentative d'évasion et qui s'étaient vengés par des chansons.

Je fis parler mon compagnon de cellule tant et plus de peur de ne jamais le revoir ; mais il finit par me désigner mon lit et me laissa le soin de souffler la lampe.

Dormir là une seule nuit, c'était voyager dans un lointain pays que je n'aurais jamais cru devoir visiter. Il me semblait que je n'avais jamais entendu sonner l'horloge de la ville ni retentir, le soir, les bruits du village, car nous dormions fenêtres ouvertes, les grilles étant à l'extérieur. C'était voir mon village natal sous un jour moyenâgeux, et la Concorde, notre rivière, devenait un fleuve rhénan tandis que des visions de chevaliers et de châteaux forts défilaient sous mes yeux.

They were the voices of old burghers that I heard
in the streets. I was an involuntary spectator and
auditor of whatever was done and said in the
kitchen of the adjacent village-inn, — a wholly new
and rare experience to me. It was a closer view of
my native town. I was fairly inside of it. I never
had seen its institutions before. This is one of its
peculiar institutions; for it is a shire town. I began
to comprehend what its inhabitants were about.

In the morning, our breakfasts were put through
the hole in the door, in small oblong-square tin
pans, made to fit, and holding a pint of chocolate,
with brown bread, and an iron spoon. When they
called for the vessels again, I was green enough to
return what bread I had left; but my comrade seized
it, and said that I should lay that up for lunch or
dinner. Soon after, he was let out to work at haying
in a neighboring field, whither he went every day,
and would not be back till noon; so he bade me
good-day, saying that he doubted if he should see
me again.

When I came out of prison, — for some one
interfered, and paid the tax, — I did not perceive
that great changes had taken place on the
common, such as he observed who went in a
youth, and emerged a tottering and gray-headed
man; and yet a change had to my eyes come over
the scene, — the town, and State, and country, —

C'était les voix d'anciens « burghers » que j'entendais dans les rues. J'étais le spectateur et l'auditeur impromptu de tout ce qui se passait et se disait à la cuisine de l'auberge mitoyenne – expérience absolument neuve et rare pour moi. J'observais ma ville natale de plus près. J'y étais de plain-pied. Jamais, auparavant, je n'avais vu ses institutions. La prison est une de ses institutions particulières, car c'est une capitale de Comté. Je commençais à comprendre à quoi s'occupaient les habitants.

Au matin, on nous passa le petit déjeuner à travers une ouverture pratiquée dans la porte ; nous avions de petites gamelles en fer-blanc, d'une forme oblongue très étudiée, et qui contenaient un demi-litre de chocolat, du pain noir et une cuiller en fer. Lorsqu'on réclama les récipients, j'allais, en novice que j'étais, remettre mon reste de pain ; mais mon camarade s'en saisit, en disant que « je devais le garder pour déjeuner ou dîner ». Peu après, on le fit sortir pour travailler aux foins dans un champ tout proche où il se rendait chaque jour ; il n'en revenait pas avant midi ; aussi me souhaita-t-il le bonjour en disant qu'il ne savait guère s'il me reverrait.

Une fois sorti de prison – car quelqu'un s'en mêla et paya cet impôt – je ne vis pas que de grands changements se fussent produits en place publique, comme il advint à ce personnage qui, parti jeune homme, réapparut chancelant et tête chenue ; et cependant sous mes yeux s'était opérée dans ce décor – la ville, l'État, le pays –

greater than any that mere time could effect. I saw yet more distinctly the State in which I lived. I saw to what extent the people among whom I lived could be trusted as good neighbors and friends; that their friendship was for summer weather only; that they did not greatly purpose to do right; that they were a distinct race from me by their prejudices and superstitions, as the Chinamen and Malays are; that, in their sacrifices to humanity, they ran no risks, not even to their property; that, after all, they were not so noble but they treated the thief as he had treated them, and hoped, by a certain outward observance and a few prayers, and by walking in a particular straight though useless path from time to time, to save their souls. This may be to judge my neighbors harshly; for I believe that most of them are not aware that they have such an institution as the jail in their village.

It was formerly the custom in our village, when a poor debtor came out of jail, for his acquaintances to salute him, looking through their fingers, which were crossed to represent the grating of a jail window, «How do ye do?» My neighbors did not thus salute me, but first looked at me, and then at one another, as if I had returned from a long journey. I was put into jail as I was going to the shoemaker's to get a shoe which was mended. When I was let out the next morning, I proceeded to finish

une transformation plus grande que le simple écoulement du temps n'aurait pu l'effectuer. J'évaluai dans quelle mesure je pouvais me fier aux gens de mon milieu, mes bons voisins et amis ; leur amitié n'était que pour la belle saison ; ils ne mettaient pas leur point d'honneur à bien agir, ils appartenaient, de par leurs préjugés et leurs superstitions, à une race aussi différente de la mienne que les Chinois et les Malais ; en se donnant aux autres, ils ne couraient pas le risque de se perdre eux, ni même leurs possessions ; après tout, ils avaient si peu de noblesse, qu'ils traitaient le voleur comme celui-ci les avait traités ; et ils espéraient, grâce à une certaine observance de surface et à quelques prières, grâce à un effort intermittent pour suivre une voie rectiligne toute tracée, encore qu'inutile, sauver leur âme. C'est peut-être porter un jugement bien sévère sur mes voisins, car je crois que la plupart ignorent l'existence d'une institution comme la prison dans leur village.

C'était autrefois la coutume chez nous, lorsqu'un pauvre débiteur sortait de prison, que ses relations vinssent le saluer, en le regardant à travers leurs doigts croisés pour figurer la grille d'une fenêtre de prison. « Comment va ? » Mes voisins n'allèrent pas si loin, mais après m'avoir regardé, ils échangèrent des regards entendus, comme si j'étais de retour d'un long voyage. On m'avait conduit en prison alors que je me rendais chez le cordonnier pour y chercher une chaussure en réparation. Libéré le lendemain matin, j'allais finir

my errand, and, having put on my mended shoe, joined a huckleberry party, who were impatient to put themselves under my conduct; and in half an hour, — for the horse was soon tackled, — was in the midst of a huckleberry field, on one of our highest hills, two miles off; and then the State was nowhere to be seen.

This is the whole history of «My Prisons.»

I have never declined paying the highway tax, because I am as desirous of being a good neighbor as I am of being a bad subject; and, as for supporting schools, I am doing my part to educate my fellow-countrymen now. It is for no particular item in the tax-bill that I refuse to pay it. I simply wish to refuse allegiance to the State, to withdraw and stand aloof from it effectually. I do not care to trace the course of my dollar, if I could, till it buys a man, or a musket to shoot one with, — the dollar is innocent, — but I am concerned to trace the effects of my allegiance. In fact, I quietly declare war with the State, after my fashion, though I will still make what use and get what, advantage of her I can, as is usual in such cases.

If others pay the tax which is demanded of me, from a sympathy with the State, they do but what they have already done in their own case, or rather they abet injustice to a greater extent than the State requires.

ma course et ayant enfilé ma chaussure ressemelée, je rejoignis un groupe qui partait aux airelles, fort impatient de s'en remettre à ma direction ; une demi-heure plus tard car le cheval fut bientôt harnaché – je me trouvais en plein champ d'airelles sur l'une de nos plus hautes collines, à plus de trois kilomètres, et de là on ne voyait l'État nulle part.

C'est là toute la chronique de *Mes prisons*.

Je n'ai jamais refusé de payer la taxe de voirie, parce que je suis aussi désireux d'être bon voisin que je le suis d'être mauvais sujet ; et quant à l'entretien des écoles, je contribue présentement à l'éducation de mes concitoyens. Ce n'est pas sur un article spécial de la feuille d'impôts que je refuse de payer. je désire simplement refuser obéissance à l'État, me retirer et m'en désolidariser d'une manière effective. Je ne me soucie point de suivre mon dollar à la trace – si cela se pouvait – tant qu'il n'achète pas un homme ou un fusil pour tirer sur quelqu'un – le dollar est innocent – mais il m'importe de suivre les effets de mon obéissance. En fait, je déclare tranquillement la guerre à l'État, à ma manière à moi, mais bien décidé à tirer tout le parti possible de cet état de choses : à la guerre comme à la guerre.

S'il en est pour payer l'impôt qu'on me réclame, par solidarité envers l'État, ils ne font que continuer sur leur lancée, et même ils favorisent l'injustice dans une plus large mesure que l'État ne le requiert.

If they pay the tax from a mistaken interest in the individual taxed, to save his property or prevent his going to jail, it is because they have not considered wisely how far they let their private feelings interfere with the public good.

This, then, is my position at present. But one cannot be too much on his guard in such a case, lest his action be biassed by obstinacy, or an undue regard for the opinions of men. Let him see that he does only what belongs to himself and to the hour.

I think sometimes, Why, this people mean well; they are only ignorant; they would do better if they knew how: why give your neighbors this pain to treat you as they are not inclined to? But I think, again, this is no reason why I should do as they do, or permit others to suffer much greater pain of a different kind. Again, I sometimes say to myself, When many millions of men, without heat, without ill-will, without personal feeling of any kind, demand of you a few shillings only, without the possibility, such is their constitution, of retracting or altering their present demand, and without the possibility, on your side, of appeal to any other millions, why expose yourself to this overwhelming brute force? You do not resist cold and hunger, the winds and the waves, thus obstinately; you quietly submit to a thousand similar necessities. You do not put your head into the fire. But just in proportion as I regard this as not wholly a brute force, but partly a human force,

S'ils paient l'impôt par suite d'un intérêt mal compris pour le contribuable, pour sauvegarder ses biens ou lui éviter la prison, c'est qu'ils n'ont pas eu la sagesse d'envisager le tort considérable que leurs sentiments personnels causent au bien public.

Telle est donc ma position pour le moment. Mais on ne saurait trop rester sur ses gardes en pareil cas, pour éviter que l'entêtement ou le respect indu pour l'opinion du monde ne déforme nos actes. Veillons à ne faire que ce qui nous convient personnellement a un moment donné.

Parfois, je pense : « Mais quoi ! Ces gens croient bien faire, ils ne sont qu'ignorants ; ils agiraient mieux, s'ils savaient. Pourquoi donner à votre prochain la peine de vous traiter à l'encontre de ses inclinations ? » Mais en y réfléchissant, je ne vois pas pourquoi je ferais comme eux, pourquoi je laisserais mon prochain endurer une peine plus grande dans un autre genre. Et puis, je me dit aussi parfois : « Lorsque des millions de gens sans emportement, sans hargne, sans intention aucune, ne réclament de vous qu'une somme modique, sans pouvoir – ainsi le veut leur constitution – annuler ni modifier leur exigence actuelle et sans que vous ayez de votre côté le pouvoir d'en appeler à d'autres millions de gens, pourquoi s'exposer au déferlement d'une force aveugle ? On ne résiste pas à la soif et à la faim, aux vents et aux marées avec cet entêtement ; on se soumet tout bonnement à mille nécessités analogues. On ne se jette pas dans la gueule du loup. » Mais dans la mesure où cette force ne m'apparaît pas comme absolument aveugle, mais humaine en partie,

and consider that I have relations to those millions as to so many millions of men, and not of mere brute or inanimate things, I see that appeal is possible, first and instantaneously, from them to the Maker of them, and, secondly, from them to themselves. But, if I put my head deliberately into the fire, there is no appeal to fire or to the Maker of fire, and I have only myself to blame. If I could convince myself that I have any right to be satisfied with men as they are, and to treat them accordingly, and not according, in some respects, to my requisitions and expectations of what they and I ought to be, then, like a good Mussulman and fatalist, I should endeavor to be satisfied with things as they are, and say it is the will of God. And, above all, there is this difference between resisting this and a purely brute or natural force, that I can resist this with some effect; but I cannot expect, like Orpheus, to change the nature of the rocks and trees and beasts.

I do not wish to quarrel with any man or nation. I do not wish to split hairs, to make fine distinctions, or set myself up as better than my neighbors. I seek rather, I may say, even an excuse for conforming to the laws of the land. I am but too ready to conform to them. Indeed I have reason to suspect myself on this head; and each year, as the tax-gatherer comes round, I find myself disposed to review the acts and position of the general and state governments, and the spirit of the people, to discover a pretext for conformity.

et où je considère que mes liens avec ces millions, ce sont d'abord des liens avec des hommes et non avec de simples objets bruts et inanimés, je vois qu'un appel est possible d'abord et instantanément à leur Créateur et ensuite à eux-mêmes. Mais si, délibérément, je me jette dans la gueule du loup, à quoi bon en appeler au loup et au Créateur du loup ? Je n'ai à m'en prendre qu'à moi. Si je pouvais me convaincre que j'ai tout lieu d'être satisfait des hommes tels qu'ils sont, tout lieu de les traiter en conséquence, et non point à certains égards, selon ce que j'exige et ce que j'attends d'eux et de moi, alors en bon Musulman et en fataliste je m'efforcerais de me contenter de l'état de fait, me disant que telle est la volonté de Dieu. En outre, il y a une différence entre résister à la volonté divine et résister à une force purement aveugle et naturelle : c'est qu'à cette dernière je puis m'opposer ; mais je ne saurais espérer, nouvel Orphée, changer la nature des rocs, des arbres et des bêtes.

Je ne désire pas me quereller avec quiconque, homme ou nation, ni couper les cheveux en quatre, ni avancer de subtiles distinctions, ni me monter en épingle. Je cherche bien plutôt, croyez-moi, un simple prétexte pour me conformer aux lois nationales. Je n'ai que trop tendance à m'y conformer. En vérité, j'ai bien sujet de me soupçonner sur ce chapitre ; et chaque année, lorsque le percepteur se présente, je me trouve disposé à passer en revue les initiatives et la position du gouvernement fédéral, du gouvernement d'État et l'esprit du peuple, afin de trouver un prétexte à m'aligner.

I believe that the State will soon be able to take all my work of this sort out of my hands, and then I shall be no better a patriot than my fellow-countrymen. Seen from a lower point of view, the Constitution, with all its faults, is very good; the law and the courts are very respectable; even this State and this American government are, in many respects, very admirable and rare things, to be thankful for, such as a great many have described them; but seen from a point of view a little higher, they are what I have described them; seen from a higher still, and the highest, who shall say what they are, or that they are worth looking at or thinking of at all?

However, the government does not concern me much, and I shall bestow the fewest possible thoughts on it. It is not many moments that I live under a government, even in this world. If a man is thought-free, fancy-free, imagination-free, that which is not never for a long time appearing to be to him, unwise rulers or reformers cannot fatally interrupt him.

I know that most men think differently from myself; but those whose lives are by profession devoted to the study of these or kindred subjects, content me as little as any. Statesmen and legislators, standing so completely within the institution, never distinctly and nakedly behold it. They speak of moving society, but have no resting-place without it. They may be men of a certain experience and discrimination, and have no doubt

Je crois que l'État sera bientôt en mesure de m'épargner toute obligation de ce genre, et alors je ne serai pas meilleur patriote que mes concitoyens. Envisagée d'un point de vue inférieur, la Constitution, malgré tous ses défauts, est fort bonne : la justice et les tribunaux sont forts respectables ; même cet État et ce gouvernement américain sont, à bien des égards, tout à fait remarquables, uniques et nous devons être pénétrés de reconnaissance, nous a-t-on dit mille fois ; mais vus d'un peu plus haut, ils sont ce que j'en ai dit, et d'encore plus haut, du plus haut, qui pourra dire ce qu'ils sont et s'ils méritent le moindre regard, la moindre pensée ?

Néanmoins, le gouvernement ne me soucie guère et je ne veux lui accorder que le minimum d'attention. Rares sont les moments où je vis sous un gouvernement, ici–bas. Si un homme a l'esprit libre, le cœur libre et l'imagination libre, ce qui n'est pas, n'ayant jamais longtemps l'apparence d'être à ses yeux, les gouvernants ou les réformateurs sans sagesse, ne peuvent sérieusement menacer son repos.

Je sais que la plupart des hommes ne pensent pas comme moi ; mais je mets dans le même lot ceux qui, par métier, consacrent leur vie à étudier de semblables sujets. Hommes d'État et législateurs, si bien enfermés dans leurs institutions, ne l'aperçoivent jamais nettement et sans voiles. Ils parlent de changer la société, mais ils n'ont point de refuge hors d'elle. Peut-être sont-ils, dans une certaine mesure, hommes de jugement et d'expérience ; ils ont sans doute

invented ingenious and even useful systems, for which we sincerely thank them; but all their wit and usefulness lie within certain not very wide limits. They are wont to forget that the world is not governed by policy and expediency. Webster never goes behind government, and so cannot speak with authority about it. His words are wisdom to those legislators who contemplate no essential reform in the existing government; but for thinkers, and those who legislate for all time, he never once glances at the subject. I know of those whose serene and wise speculations on this theme would soon reveal the limits of his mind's range and hospitality. Yet, compared with the cheap professions of most reformers, and the still cheaper wisdom and eloquence of politicians in general, his are almost the only sensible and valuable words, and we thank Heaven for him. Comparatively, he is always strong, original, and, above all, practical. Still his quality is not wisdom, but prudence. The lawyer's truth is not Truth, but consistency, or a consistent expediency. Truth is always in harmony with herself, and is not concerned chiefly to reveal the justice that may consist with wrong-doing. He well deserves to be called, as he has been called, the Defender of the Constitution. There are really no blows to be given by him but defensive ones. He is not a leader, but a follower. His leaders are the men of '87. «I have never made an effort,» he says, «and never propose to make an effort; I have never countenanced an effort, and never mean to countenance an effort, to disturb

inventé des systèmes ingénieux et non sans valeur, ce dont nous les remercions sincèrement ; mais toute leur sagacité, toute leur utilité se cantonnent dans des limites bien étroites. Ils oublient aisément que le monde n'est pas gouverné par le système et l'opportunisme. Webster ne regarde jamais au-delà du gouvernement et n'en peut donc parler avec autorité. Ses paroles sont sagesse pour les législateurs qui n'envisagent aucune réforme essentielle dans le gouvernement en place ; mais aux yeux des penseurs et de ceux qui légifèrent pour tous les temps, pas une fois il n'aborde le sujet. J'en connais dont les spéculations sur ce thème plein de sagesse et de sérénité révéleraient vite combien sont bornées l'étendue et l'hospitalité de son esprit. Cependant, comparées aux déclarations falotes de la plupart des réformateurs et à la sagesse et à l'éloquence encore plus falotes de la plupart des politiciens en général, ses paroles sont presque les seules sensées et valables et nous en rendons grâces au Ciel. En regard des autres, il est toujours fort, original et surtout pratique. Pourtant, sa qualité n'est pas la sagesse, mais la prudence. La vérité du juriste n'est pas la Vérité : elle n'est que cohérence et opportunisme cohérent. La Vérité est toujours en harmonie avec elle-même et ne se préoccupe pas en premier lieu de révéler la justice qu'on va accorder avec le méfait. Il mérite bien d'être appelé, comme on l'a fait, le « Défenseur de la Constitution ». Les seules attaques qu'il lance vraiment sont définitives. Ce n'est pas un chef, mais un suiveur. Ses chefs, ce sont les hommes de 87. « Je n'ai jamais pris d'initiative », dit-il, « et je n'ai nul besoin d'en prendre ; je n'ai jamais favorisé d'initiative et je n'entends nullement favoriser une initiative pour troubler

the arrangement as originally made, by which the various States came into the Union.» Still thinking of the sanction which the Constitution gives to slavery, he says, «Because it was a part of the original compact, — let it stand.» Notwithstanding his special acuteness and ability, he is unable to take a fact out of its merely political relations, and behold it as it lies absolutely to be disposed of by the intellect, — what, for instance, it behoves a man to do here in America to-day with regard to slavery, but ventures, or is driven, to make some such desperate answer as the following, while professing to speak absolutely, and as a private man, — from which what new and singular code of social duties might be inferred? — «The manner,» says he, «in which the government of those States where slavery exists are to regulate it, is for their own consideration, under their responsibility to their constituents, to the general laws of propriety, humanity, and justice, and to God. Associations formed elsewhere, springing from a feeling of humanity, or any other cause, have nothing whatever to do with it. They have never received any encouragement from me, and they never will.»

They who know of no purer sources of truth, who have traced up its stream no higher, stand, and wisely stand, by the Bible and the Constitution, and drink at it there with reverence and humility; but they who behold where it comes trickling into this lake or that pool, gird up their loins once more, and continue their pilgrimage toward its fountain-head.

l'arrangement conclu à l'origine, par lequel les divers États entrèrent dans l'Union. » Toujours avec l'idée de la sanction que la Constitution confère à l'esclavage, il dit : « Parce qu'il faisait partie du contrat originel, qu'il demeure. » En dépit de sa subtilité et de son talent particuliers, Webster est incapable de dégager un fait de ses rapports purement politiques, pour le contempler dans son essence intellectuelle, comme de dire par exemple ce qu'il convient à un homme de faire chez nous, en Amérique, aujourd'hui face à l'esclavage ; au contraire, il se risque, peut-être y est-il poussé, à formuler des réponses comme celle qui suit, tout en protestant qu'il parle dans l'absolu et en simple particulier (quel nouveau et singulier code des devoirs sociaux pourrait-on en déduire ?). « La manière dont les gouvernements des États où l'esclavage existe doivent régler ces problèmes est à leur discrétion, en vertu de leurs responsabilités vis-à-vis des électeurs, en regard des lois de la propriété, de l'humanité, de la justice et en regard de Dieu. Des associations formées ailleurs, issues d'un sentiment d'humanité ou de tout autre motif, n'ont absolument rien à y voir. Elles n'ont jamais reçu aucun encouragement de ma part et n'en recevront jamais. »

Ceux qui ne connaissent pas de sources de vérité plus pures, pour n'avoir pas remonté plus haut son cours, défendent – et ils ont raison – la Bible et la Constitution ; ils y boivent avec vénération et humilité ; mais ceux qui voient la Vérité ruisseler dans ce lac, cet étang, se ceignent les reins de nouveau et poursuivent leur pèlerinage vers la source originelle.

No man with a genius for legislation has appeared in America. They are rare in the history of the world. There are orators, politicians, and eloquent men, by the thousand; but the speaker has not yet opened his mouth to speak, who is capable of settling the much-vexed questions of the day. We love eloquence for its own sake, and not for any truth which it may utter, or any heroism it may inspire. Our legislators have not yet learned the comparative value of free-trade and of freedom, of union, and of rectitude, to a nation. They have no genius or talent for comparatively humble questions of taxation and finance, commerce and manufactures and agriculture. If we were left solely to the wordy wit of legislators in Congress for our guidance, uncorrected by the seasonable experience and the effectual complaints of the people, America would not long retain her rank among the nations. For eighteen hundred years, though perchance I have no right to say it, the New Testament has been written; yet where is the legislator who has wisdom and practical talent enough to avail himself of the light which it sheds on the science of legislation?

The authority of government, even such as I am willing to submit to,—for I will cheerfully obey those who know and can do better than I, and in many things even those who neither know nor can do so well,—is still an impure one: to be strictly just, it must have the sanction and consent of the governed. It can have no pure right over my person and property but what I concede to it.

Aucun homme doué d'un génie de législateur n'est apparu en Amérique. De tels êtres sont rares dans l'histoire du monde. Des orateurs, des politiciens et des rhétoriciens, il s'en trouve à foison. Mais il n'a pas encore ouvert la bouche pour parler, celui qui est capable de trancher les questions tant débattues d'aujourd'hui. Nous aimons l'éloquence pour l'éloquence et non pour la vérité qu'elle peut énoncer ou l'héroïsme qu'elle peut inspirer. Il reste à nos législateurs de saisir la valeur comparée du libre-échange et de la liberté, de l'Union et de la rectitude, au sein d'une nation. Ils n'ont pas de génie ou de talent, même sur des points relativement modestes d'impôts et de finance, de commerce, d'industrie et d'agriculture. Si pour nous guider, nous n'avions pour toute ressource que l'ingéniosité verbeuse des législateurs du Congrès, sans le correctif de l'expérience bien venue et des doléances efficaces du peuple, l'Amérique ne garderait pas longtemps son rang parmi les nations. Il y a mille huit cents ans – je n'ai peut-être pas le droit de le dire – que le Nouveau Testament a été écrit ; pourtant, où est le législateur doué d'assez de sagesse et de réalisme pour profiter de la lumière que cet enseignement jette sur la Législation ?

L'autorité du gouvernement, même de celui auquel je veux bien me soumettre – car j'obéirai de bon cœur à ceux qui ont des connaissances et des capacités supérieures aux miennes et, sur bien des points, même à ceux qui n'ont ni ces connaissances ni ces capacités – cette autorité est toujours impure. En toute justice, elle doit recevoir la sanction et l'assentiment des gouvernés. Elle ne peut avoir sur ma personne et sur mes biens d'autre vrai droit que celui que je lui concède.

The progress from an absolute to a limited monarchy, from a limited monarchy to a democracy, is a progress toward a true respect for the individual. Is a democracy, such as we know it, the last improvement possible in government? Is it not possible to take a step further towards recognizing and organizing the rights of man? There will never be a really free and enlightened State, until the State comes to recognize the individual as a higher and independent power, from which all its own power and authority are derived, and treats him accordingly. I please myself with imagining a State at last which can afford to be just to all men, and to treat the individual with respect as a neighbor; which even would not think it inconsistent with its own repose, if a few were to live aloof from it, not meddling with it, nor embraced by it, who fulfilled all the duties of neighbors and fellow-men. A State which bore this kind of fruit, and suffered it to drop off as fast as it ripened, would prepare the way for a still more perfect and glorious State, which also I have imagined, but not yet anywhere seen.

L'évolution de la monarchie absolue à la monarchie parlementaire, et de la monarchie parlementaire à la démocratie, montre une évolution vers un respect véritable de l'individu. Le philosophe chinois lui-même avait assez de sagesse pour considérer l'individu comme la base de l'Empire. La démocratie telle que nous la connaissons est-elle l'aboutissement ultime du gouvernement ? Ne peut-on franchir une nouvelle étape vers la reconnaissance et l'établissement des droits de l'homme ? Jamais il n'y aura d'État vraiment libre et éclairé, tant que l'État n'en viendra pas à reconnaître à l'individu un pouvoir supérieur et indépendant d'où découlerait tout le pouvoir et l'autorité d'un gouvernement prêt à traiter l'individu en conséquence. Je me plais à imaginer un État enfin, qui se permettrait d'être juste pour tous et de traiter l'individu avec respect, en voisin ; qui même ne trouverait pas incompatible avec son repos que quelques-uns choisissent de vivre en marge, sans se mêler des affaires du gouvernement ni se laisser étreindre par lui, du moment qu'ils rempliraient tous les devoirs envers les voisins et leurs semblables. Un État, qui porterait ce genre de fruit et accepterait qu'il tombât sitôt mûr, ouvrirait la voie à un État encore plus parfait, plus splendide, que j'ai imaginé certes, mais encore vu nulle part.

END

FIN

Impression CreateSpace
à Charleston SC, en août 2017.
Dépôt légal : août 2017

Imprimé aux États-Unis.

L'ACCOLADE
Éditions

Découvrez l'ensemble de nos ouvrages
sur notre site :

www.laccolade-editions.com

www.ingramcontent.com/pod-product-compliance
Lightning Source LLC
Chambersburg PA
CBHW022050170626
46808CB00003B/1420